交通运输安全生产管理手册

Daolu Sheshi Yanghu

道路设施养护

（政府监管篇）

深圳市交通运输委员会 编著

人民交通出版社股份有限公司
China Communications Press Co.,Ltd.

内 容 提 要

本书为《交通运输安全生产管理手册》中《道路设施养护（政府监管篇）》分册，主要内容包括：监管职责、监管规程、考核与评价、责任追究及附件，共五部分。

本书内容丰富，条理清晰，可操作性强，涵盖深圳市各级交通运输管理部门开展道路设施养护安全监管工作的各个要素和环节，可供各级领导和管理人员日常工作和学习参考。

图书在版编目(CIP)数据

道路设施养护. 政府监管篇 / 深圳市交通运输委员会编著.
—北京：人民交通出版社股份有限公司，2014.11
(交通运输安全生产管理手册)
ISBN 978-7-114-11690-2

Ⅰ. ①道… Ⅱ. ①深… Ⅲ. ①公路养护－政府监督－安全管理－手册 Ⅳ. ①U418-62

中国版本图书馆 CIP 数据核字(2014)第 238748 号

交通运输安全生产管理手册

书　　名：道路设施养护（政府监管篇）
著 作 者：深圳市交通运输委员会
责任编辑：刘永芬
出版发行：人民交通出版社股份有限公司
地　　址：(100011)北京市朝阳区安定门外外馆斜街 3 号
网　　址：http://www.ccpress.com.cn
销售电话：(010)59757973
总 经 销：人民交通出版社股份有限公司发行部
经　　销：各地新华书店
印　　刷：北京市密东印刷有限公司
开　　本：787×1092　1/16
印　　张：2.75
字　　数：43 千
版　　次：2014 年 11 月　第 1 版
印　　次：2014 年 11 月　第 1 次印刷
书　　号：ISBN 978-7-114-11690-2
定　　价：10.00 元
(有印刷、装订质量问题的图书由本公司负责调换)

交通运输安全生产管理手册编委会

第九分册　道路设施养护安全生产管理手册编委会

序

习近平总书记就安全生产工作做出重要指示:“人命关天,发展决不能以牺牲人的生命为代价。这必须作为一条不可逾越的红线。”

安全生产是我们工作的底线、红线、高压线,安全管理是“深圳质量”的重要组成部分,是交通运输行业的生命线!

经过三十多年的改革开放,深圳已经基本建成国际化、现代化、一体化的综合交通运输体系。每天,深圳有9.7万人次旅客进出深圳机场,6.5万个集装箱在深圳港吞吐,4万辆货柜车进出口岸,6000班次公路客运班车发往全国各地,1008万人次市民乘坐公交出行,300万辆机动车行驶在大街小巷,巡查道路17682km,受理交通咨询投诉2200多宗。保障特大型城市正常运行,交通安全生产和安全管理工作任重道远。

近年来,面对安全生产和安全管理的新形势、新要求,深圳市交通运输委员会全面构建“1521”安全生产监管体系(编制1个安全生产管理工作总规则,按照道路运输、城市公交、工程建设及管养、港口及航运、维修驾培5大板块的行业划分,明确政府监管和企业主体2个方面的责任,制定1套标准化操作规程),以“突出针对性、检查表格化、评判数字化、整改具体化、落实责任化”为方法论,严格落实安全生产责任,开展全行业安全生产全覆盖大检查,推动深圳交通运输行业的平稳、有序、高效发展。

此次深圳市交通运输委员会组织编制了涵盖政府监管、企业管理的《交通运输安全生产管理手册》13分册系列工具丛书,是安全生产管理工作重大改革创新的尝试。丛书按照“法制化、体系化、制度化、规范化、标准化和表格化”的要求,进行系统地分类研究编制,回答了交通运输行业的安全管理“是什么、做什么、谁来做、怎么做”等一系列问题,是一部交通运输行业政府安全生产监管和企业安全生产管理实用性较强的工具书。希望通过丛书的出版,为交通及相关部门“一岗双责”、交通企业安全生产“主体责任”的全面落实,为交通运输行业安全生产管理提供有益的探索和借鉴。

丛书在编制过程中得到了交通运输部、广东省交通运输厅等各级部门和领导的大力支持。借此机会,对所有关心支持深圳交通运输行业发展的各级部门和领导表示衷心的感谢!深圳市交通运输委员会将进一步改革创新,实现“平安交通”,推动全市交通运输事业科学发展，为深圳建设现代化国际化先进城市、打造“深圳质量、品质交通”做出新的贡献。

深圳市交通运输委员会党组书记、主任 

前　言

近年来，党中央、国务院高度重视安全生产工作，提出了“科学发展、安全发展”的理念，制定了“安全第一、预防为主、综合治理”的战略方针，各级党委、政府针对安全生产工作做出了全面系统的部署。

交通运输行业点多、线长、面广，安全生产工作任务十分艰巨，为此，深圳市交通运输委员会（以下简称市交通运输委）党组特别重视，始终将行业安全生产工作列为“深圳质量、平安交通”的重要内容。为尽快建立健全安全生产管理体系，落实安全生产“一岗双责”制度，进一步规范交通运输行政管理部门的安全生产监管行为，督促交通运输企业落实安全生产主体责任，实现法制化、责任化、标准化、数字化的管理目标，市交通运输委组织力量编写了《交通运输安全生产管理手册》（以下简称《手册》）。

《手册》结合深圳市交通运输行业实际，按照编制1个工作总规则，依据道路运输、城市公交、工程建设及管养、港口及航运、维修驾培5大板块的行业（领域）划分，明确政府监管和企业管理2个主体责任，制定1套标准化操作规程的思路（即“1521”安全生产管理体系），共13册26篇。各分册围绕政府和企业安全生产工作所涉及的监管职责/主体责任、监管规程/管理规范、考核与评价、责任追究等要素及环节，统一编写模式，做到一册在手，安全生产工作尽在掌握。

《手册》的编写，黄敏主任等各位委领导给予了悉心指导，委各相关部门也给予大力支持和配合。各分册编写委员会在广泛调研、多方借鉴、大量查阅资料的基础上，进行了大胆创新与探索，几易其稿，完成了编著工作。

我们期望，通过《手册》的推出，能够进一步提高政府部门和企业安全管理水平，促进交通运输行业持续健康发展。

因时间仓促，编者水平有限，《手册》难免存在疏漏和不当之处，敬请指正。

编　者

2014 年 5 月

目　　录

附件

安全生产监管工作规则

第一条　为努力打造“深圳质量、平安交通”，促进交通运输行业持续健康发展，根据《中华人民共和国安全生产法》等有关法律、法规、标准，结合本市交通运输行业实际，制定本规则。

第二条　本市行政区域内交通运输行业安全生产监督管理工作，适用本规则。

第三条　坚持“安全第一、预防为主、综合治理”的方针，健全“政府领导、部门监管、企业负责、群众参与、社会支持”的工作机制。

第四条　构建层级清晰、职责明确、责任链接、闭环管理的安全生产管理体系，进一步规范监管行为，督促企业落实主体责任，实现安全生产工作法制化、责任化、标准化、数字化。

第五条　实行安全生产“一岗双责”制度，即主要负责人对本部门安全生产工作全面负责；分管安全生产工作的负责人直接领导安全生产工作；其他分管负责人在履行岗位业务工作职责的同时履行安全生产工作职责。

第六条　按照“统分结合、突出重点、分类监管、分级负责、动态监控、定期考评、部门联动、齐抓共管”的方法开展工作。

第七条　安全生产监管按照以下方式进行：

（一）分类监管：按照道路运输、城市公交、工程建设及管养、港口及航运、维修驾培5大类，以及对应的人、车（船、设备）、路（含设施）等进行分类监管。

（二）分级监管：厘清监管部门及岗位职责边界，实行“三级”监管，即主要负责人（局长）、分管负责人（副局长）、具体责任人（业务科长），分级负责，一级抓一级，层层抓落实。

第八条　市交通运输委成立安全生产监管委员会（以下简称委安委会），成员由委机关各处（室）、直属单位、派出机构等组成，履行交通运输行业安全生产统筹、协调、指导、监督职责。

委安委会下设办公室（以下简称安委办），设在委安全监督和绿色交通处（以下简称安全处），承担综合协调、监督指导等委安委会交办的具体工作。

各成员单位建立相应的安全生产监管组织架构，并明确各级安全生产监管负责人（图0-1）。

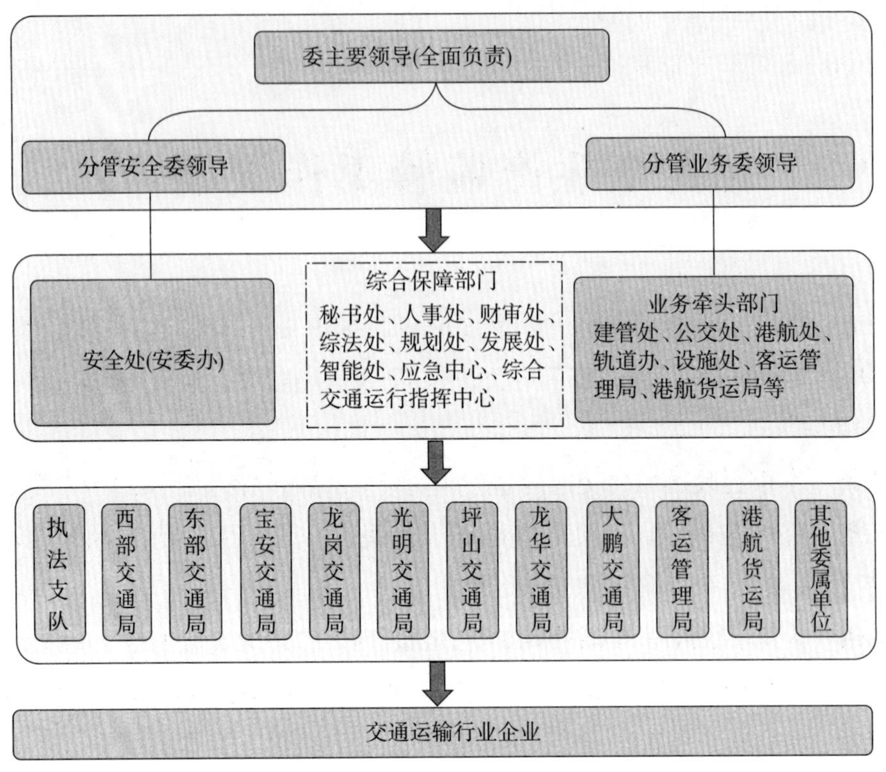

图 0-1　市交通运输委安全生产监管三级责任组织架构图

注:轨道办、设施处、客运管理局、港航货运局既是业务牵头部门,又具体承担职责范围内的安全生产监管工作。

第一层级:委领导。委主要领导全面负责,分管安全的委领导直接负责,分管业务的委领导具体负责。

第二层级:安全处、建管处、公交处、港航处、轨道办、设施处、客运管理局、港航货运局等各业务牵头部门;委秘书处、人事处、财审处、综法处、规划处、发展处、智能处、应急中心、综合交通运行指挥中心等各安全生产监管综合保障部门。

安全处(安委办)负责统筹组织,综合协调,分类指导,全面监督;委各业务牵头部门履行"一岗双责"安全生产监管职责;委秘书处、人事处、财审处、综法处、规划处、发展处、智能处、应急中心、综合交通运行指挥中心,从综合事务、人员配备、资金安排、法律法规、规划发展、智能支撑、应急救援等方面,对各业务牵头部门开展安全生产监管工作提供职能范围内的保障支持。

第三层级:执法支队、轨道办、设施处、各交通局、客运管理局、港航货运局、质监站等单位,具体承担职责范围内的安全生产监管工作。

第九条　根据市委市政府赋予市交通运输委的安全管理工作职责,委安委会各成员单位相对应的安全生产监管职责及边界,详见《市交通运输委关于印发安全管理工作职责规定的通知》(深交〔2014〕71 号)。

第十条 委安委会各成员单位具体监管内容如下:

(一)签订安全生产责任书。

(二)召开安全工作会议。

(三)安全隐患排查与治理。

(四)安全动态监控。

(五)安全宣传与培训教育。

(六)应急预案与演练。

(七)事故报告与调查。

(八)安全标准化考评。

(九)法律、法规规定和上级部门要求的其他安全生产监督管理职责。

第一章　监 管 职 责

第一节　组 织 架 构

道路设施养护安全生产监管组织架构分为三个层级，具体如下。

（一）第一层级：委领导班子（表1-1）

第一层级（委领导班子）组织架构表　　表1-1

序号	单位	部门	安全监管岗位	职　　位	备注
1	市交通运输委	领导班子	第一责任人	主任	
2			直接责任人	分管安全委领导	
3			具体责任人	分管道路养护业务委领导	

（二）第二层级：安全处、建管处（表1-2）

第二层级（安全处、建管处）组织架构表　　表1-2

序号	单位	部门	安全监管岗位	职　　位	备注
1	市交通运输委	安全处	第一责任人	处长	全委统筹
2			直接责任人	分管安全副处长	
3			具体责任人	安全监管主办人员	
4		建管处	第一责任人	处长	业务统筹
5			直接责任人	分管业务副处长	
6			具体责任人	安全监管主办人员	

(三)第三层级:各交通运输局(表1-3)

第三层级(各交通运输局)组织架构表　　表1-3

序号	单位	部门	安全监管岗位	职　位	备注
1	各交通运输局	局领导	第一责任人	局长	项目统筹
2			直接责任人	分管安全副局长	
3			具体责任人	分管业务副局长	
4		安全科	直接责任人	科长	
5		业务科	具体责任人	科长	

第二节 监管职责

一、第一层级:委领导班子

(一)市交通运输委主任(第一责任人):对道路设施养护安全生产负全面责任。

(二)市交通运输委分管安全生产工作的副主任(直接责任人):负责道路设施养护安全监管工作职责的协调和落实。

(三)市交通运输委分管道路设施养护业务工作的副主任(具体责任人):对道路设施养护的安全生产工作负具体责任。

二、第二层级:安全处、建管处

(一)安全处。

安全处综合协调、监督指导交通运输行业安全生产监督管理工作。

1. 组织制订安全生产规划、年度安全生产监管工作计划和生产安全事故预防措施,并组织实施。

2. 指导建立、健全安全生产监管体系和相关责任制度,并结合年度工作计划,对执行情况进行监督检查。

3. 监督安全生产责任制的落实,并组织开展安全生产责任制考核工作。

4. 组织、指导安全生产宣传和教育培训工作。

5. 指导开展安全生产科技推广运用工作。

6. 组织开展综合性安全隐患排查治理和督查工作。

7. 组织开展交通运输企业安全生产标准化建设工作。

8. 按照管理权限,组织或参与一次死亡2人以上生产安全事故的调查处理工作,督促相关单位(部门)落实对事故发生单位和相关责任人的责任追究。

9. 负责生产安全事故、安全隐患排查治理情况的综合统计报告工作。

10. 统筹向市安委办申报年度安全专项经费工作。

11. 承担委安委会办公室日常工作;承担与各级政府安全生产监管部门的沟通和协调工作。

12. 对以本单位(部门)名义组织各类活动的安全工作承担相应主体责任。

(二)建管处。

1. 贯彻执行国家、省、市有关道路设施养护安全监管的法律、法规、规章、规范和标准。

2. 组织、指导、协调委属管辖的道路设施养护领域的安全生产监管工作,并承担职责范围内的监管责任。

3. 组织对委属管养道路设施养护管理工作开展考核工作。

4. 组织、指导、协调道路设施养护领域开展安全隐患专项治理工作,督促各交通运输局落实安全监管和安全隐患排查治理工作。

5. 按照管理权限,参与道路设施养护领域生产安全事故的调查处理,指导、督导事故发生单位落实整改措施。

6. 完成上级领导交办的其他工作。

三、第三层级:各交通运输局

(一)贯彻执行国家、省、市有关道路设施养护安全监管的法律、法规、规章、规范和标准。

(二)承担本单位所管辖道路设施的管养主体责任,承担道路设施养护安全生产管理业主职责,监督养护生产单位开展道路设施养护安全生产工作。

(三)严格按照有关规定组织实施道路设施养护项目,对实施项目组织开展相关安全生产的监督检查工作。

(四)组织对道路设施养护生产单位及其安全生产责任人的安全生产责任制的考核工作,监督安全生产责任的落实情况,组织实施各项安全检查。

(五)组织道路设施养护领域安全隐患排查治理工作,并统计和评估工作开展情况,建立相关工作台账。

(六)组织制订道路设施养护领域的安全生产应急预案,定期组织开展应急演练。

(七)定期组织召开本辖区道路设施养护领域安全工作会议,研究道路设施养护安全生产的形势和存在问题，落实上级部门工作部署；落实安全宣传和培训教育活动，总结和推广安全生产的先进经验和做法。

（八）按管理权限负责或参与所管辖道路设施养护领域内生产安全事故的报告、应急救援、调查处理和责任追究。

（九）完成上级领导交办的其他工作。

第二章　监 管 规 程

第一节　签订安全生产责任书

一、签订对象

建管处及各交通运输局、各道路设施养护生产单位。

二、责任分工

（一）安全处：负责安全生产责任书签订工作的总体部署，并监督检查签订情况。

（二）建管处及各交通运输局：与其分管委领导签订责任书。

（三）各交通运输局：负责与道路设施养护生产单位签订安全生产工作目标责任书，并存档备案。

三、工作流程

（一）安全处统一部署年度交通运输行业（含道路设施养护）安全生产责任书的签订工作。

（二）各交通运输局按期完成与辖区内道路设施养护生产单位安全生产责任书的签订工作。

（三）安全处汇总全行业签订情况，报委领导，并不定期抽查各交通运输局责任书签订情况。

（四）建管处在道路设施养护监管工作中组织检查各交通运输局责任书签订执行情况。

（五）各交通运输局监督道路设施养护生产单位落实安全生产责任书工作。

四、工作要求

（一）各交通运输局应按时完成安全生产责任书的签订工作。

（二）对未按规定签订责任书的，安全处将做出通报批评，并按安全生产“一票否决”处理。

第二节 召开安全工作会议

一、组织单位

各交通运输局。

二、参会人员

道路设施养护生产单位（包括监理企业）主要负责人或分管安全工作负责人。

三、会议周期

结合本辖区道路设施养护工作情况，每季度不少于1次。

四、会议内容

（一）通报交通行业和道路设施养护安全生产形势。

（二）宣贯上级安全工作会议精神。

（三）学习有关安全生产的法律、法规、规章、规范和标准。

（四）研究存在的问题，总结部署下一阶段工作任务。

五、工作要求

（一）各交通运输局负责组织召开安全生产会议，形成会议纪要；监督落实会议部署工作；对参会情况进行通报，并对未按规定参会的单位提出处理意见。

（二）建管处在道路设施养护监管工作中组织检查各交通运输局组织召开安全生产会议情况。

第三节 安全隐患排查与治理

一、日常巡查

（一）责任分工。

1. 建管处:履行监管督促职责。

2. 各交通运输局:负责制定巡查工作规范,具体组织落实。

(二)巡查内容。

1. 日常安全管理。

(1)建章立制:是否建立安全生产规章制度,是否落实,是否依法设置安全生产领导机构和管理机构,配备专职安全管理人员;是否定期召开安全生产工作会议。

(2)养护人员:是否掌握安全生产知识和技能。

(3)设备、设施材料:是否符合国家有关规定、标准。

(4)养护作业控制区布置:是否对不同等级道路、桥梁、隧道、平面交叉口、收费广场等区域,按国家规定布置养护维修作业控制区。

(5)安全隐患排查治理情况。

2. 设备、设施管理。

(1)设备、设施配备:按道路设施养护安全作业标准配备检查设备、设施的落实情况,重点检查锥形交通路标、安全带、路栏、施工隔离墩、防撞桶(墙)等渠化交通的安全设施,以及移动式标志车、施工警告灯、夜间照明设备设施等。

(2) 设备、设施维护:各种设施、设备能否正常使用。

3. 专项安全作业。

(1)道路设施养护维修安全作业;

(2)桥梁、隧道养护维修安全作业;

(3)雨季养护维修安全作业;

(4)雾天养护维修安全作业;

(5)山区养护维修安全作业;

(6)道路检测安全作业;

(7)养护维修机具安全操作等。

以上专项安全作业具体要求,根据公路、城市道路类别,按照《公路养护安全作业规程》(JTG H30—2004)及相关规程的有关规定执行。

(三)巡查方法:现场检查、查阅台账、从业人员演示等。

(四)工作要求。

1. 巡查周期:结合日常养护管理工作每季度不少于1次。

2. 巡查人员:由各交通运输局安全科和养护科共同组成,每组2~3人。

3. 巡查台账:按《道路设施养护安全监管日常巡查表》(附件1)、《安全隐患排查治理专项表》(附件2)执行。

4. 隐患排查治理:一是对巡查中发现的安全隐患,开具整改通知书,提出整改建议,并填写《安全隐患排查治理专项表》(附件2)。二是按"双三级"责任制度,明确"双三级"责任人(即各交通运输局、道路设施养护生产单位负责隐患整改的责任单位、责任领导、责任人)、整改时限、整改措施、整改资金、整改预案,跟踪落实道路设施养护生产单位安全隐患整改情况,并组织复查验收。

5. 信息报送:每次巡查行动结束后,巡查台账报所在交通运输局养护科,养护科负责督办及存档。

二、专项行动

(一)责任分工。

1. 安全处:负责全委总体部署并督查。

2. 建管处:负责组织制订专项方案,督查和汇总专项行动检查情况。

3. 各交通运输局:负责具体组织落实检查工作;督促道路设施养护生产单位落实安全隐患整改工作,并组织复查验收;实时报送信息。

(二)检查方式及内容:具体内容见专项行动制订的专项方案。

第四节 安全宣传与培训教育

一、职责分工

(一)安全处:负责交通运输行业安全宣传与培训教育统筹工作。

(二)建管处:负责检查、督促各交通运输局落实工作。

(三)各交通运输局:负责依法对辖区内道路设施养护生产单位安全会议(培训、教育)工作实施监督管理,落实安全宣传工作。

二、宣传(培训、教育)内容

宣贯安全法律法规;宣教安全生产作业、防灾减灾、应急逃生和救援知识;剖析典型事故和周边事故案例;总结和推广安全生产工作先进经验等。

三、宣传(培训、教育)方式

悬挂宣传横幅、印制宣传画册、编制影像资料、组织安全培训等。

四、宣传(培训、教育)周期

每年度不少于1次。

五、工作要求

(一)充分认识安全宣传的重要性,加强领导。要结合日常工作,统筹兼顾,突出重点,认真抓落实。

(二)结合实际,制订操作性强的活动方案。做到科学安排、广泛动员、精心组织,并注重开拓工作思路,创新活动形式,丰富活动内容。

(三)通过全面组织开展安全生产宣传教育工作,进一步建立安全生产长效机制。

第五节　应急预案与演练

一、职责分工

(一)应急中心:组织交通运输行业制订安全事故应急救援预案,指导预案演练。

(二)建管处:督查各交通运输局道路设施养护生产应急预案建立与落实情况。

(三)各交通运输局:制订和完善辖区道路设施养护生产应急预案,定期组织预案演练。

二、预案编制

按市交通运输委、交通运输局、道路设施养护生产单位三个层级分别制订应急预案,并定期组织进行修编。

应急预案应当包括综合应急预案、专项应急预案和现场处置方案,主要内容为本单位的应急组织机构及其职责、预案体系及响应程序、事故预防及应急保障、应急培训及预案演练等。

三、编制要求

(一)符合有关法律、法规和技术标准的规定。

(二)结合本单位的安全生产实际情况。

(三)结合本单位的危险性分析情况。

(四)应急组织和人员的职责分工明确,并有具体的落实措施。

(五)有明确、具体的事故预防措施和应急程序,并与其应急能力相适应。

（六）有明确的应急保障措施，并能满足本地区、本部门、本单位的应急工作要求。

（七）预案基本要素齐全、完整，预案附件提供的信息准确。

（八）预案内容与相关应急预案相互衔接。

四、演练

（一）演练主体：各交通运输局组织指导，道路设施养护生产单位、交通抢险单位具体开展演练。

（二）演练周期：每年至少1次。

（三）演练经费：各交通运输局演练经费由安全监管资金列支；道路设施养护生产单位由企业安全生产管理资金列支。

第六节 事故报告与调查

一、事故报告

（一）报告程序。

1. 发生生产安全事故后，道路设施养护生产单位除应向所辖交通运输局、项目监理单位报告外，还应当于2小时内将事故情况如实向事故发生地的区安全监管局报告。

2. 辖区交通运输局在接到事故报告后，应迅速核实有关情况，并立即报告委安全处、建管处及相关部门。

（二）报告内容：

1. 事故发生单位概况；

2. 事故发生的时间、地点以及事故现场情况；

3. 事故的简要经过；

4. 事故已经造成或者可能造成的伤亡人数（包括下落不明的人数）和初步估计的直接经济损失；

5. 已经采取的措施；

6. 其他应当报告的情况；

7. 事故报告后出现新情况的，应当及时补报。

二、事故调查

按照事故级别，由市、区政府指定相应部门组织事故调查工作，各相关单位应积极配合;属于交通事故的,按照市交通运输委相关规定调查处理。

第七节 安全标准化考评

一、职责分工

(一)安全处:负责统筹、指导交通运输行业安全标准化考评工作。

(二)建管处:负责组织督查道路设施养护行业安全标准化考评工作。

(三)各交通运输局:负责落实辖区内道路设施养护生产单位安全标准化考评工作。

二、考评对象

道路设施养护生产单位。

三、考评内容

详见《道路设施养护安全生产考核评分表》(附件3)。

四、考评流程

(一)被考核人在每年12月20日至25日递交考核材料,具体包括:安全生产管理工作台账;日常安全生产管理自评报告;年度安全生产管理工作述职报告;安全生产管理专项经费计划执行情况;反映道路设施养护安全生产管理工作的其他案卷资料等。

(二)各交通运输局成立考核组,制定考核工作方案,开展对所在辖区道路设施养护生产单位考核工作。

(三)考核结束后,各考核组对考核情况进行总结、通报,并报备建管处。

五、工作要求

(一)现场考评结束后,各交通运输局应向养护生产单位通报考评情况,交换初步考评结果,并就现场考评过程中发现的问题向养护生产单位提出整改建议。养护生产单位对考核组提出的整改意见,1个月内能按要求整改到位的,经考核组核实后,可视为达到现场考评要求。1个月内不能按要求整改到位的,应重新组织现场考评。

(二)各交通运输局要把标准化达标创建工作列入日常工作同部署、同检查、同考核,纳入安全生产目标责任制考评和绩效考核的重要内容。

第三章　监管单位考核与评价

第一节　考核目的与依据

一、考核目的

为了对监管单位落实安全生产责任制的情况进行科学、量化评价，开展考核工作。

二、考核依据

根据《中华人民共和国安全生产法》、《广东省安全生产条例》、《广东省交通运输行业领导班子和领导干部安全生产责任制考核办法》、《深圳市党政领导班子和领导干部安全生产责任制考核暂行办法》组织开展。

第二节　考核原则

(一)客观公正、注重结果、定性和定量相结合的原则。

(二)重点考核和一般考核相结合的原则。

(三)指标考核、现场考核与日常考核相结合的原则。

(四)奖励与约束相结合的原则。

第三节　考核组织

安全生产责任制考核及表彰奖励工作由市交通运输委安委会统一组织开展。

第四节　考核方式

一、考核频次

安全生产责任制考核按年度进行，原则上在次年1月31日前完成。

二、考核方式

采取指标考核、现场考核和日常考核相结合的方式。

(一)指标考核内容为被考核对象完成年度安全生产责任书下达的安全生产控制指标和防范较大以上安全事故情况。由委安委办对上一年度相关单位完成安全生产控制指标,防范事故发生的情况进行定量考核和数据汇总。

(二)现场考核是指考核各有关单位依法履行安全生产监管职责情况及采取的相关措施。现场考核由委安委办组织现场考核组进行考核、评分。

1. 制订实施方案。由委安委办提前半年提出年度考核实施方案和评分标准,报委安委会同意后实施。

2. 撰写自评报告。由被考核对象认真总结考核年度安全生产工作情况,对照考核内容及各自职责,进行自评,撰写自评报告,分别形成班子总结报告和个人述职报告,并经单位加盖公章及个人亲笔签名后,于次年1月10日前报委安委办。

3. 现场考评。被考核对象按照考核要求,在现场考核开始前,对考核年度的安全生产工作进行总结、自评。现场考核组成员认真听取被考核对象的自评报告和述职,现场了解情况,查阅有关资料和记录,召集有关人员座谈,并按照考核评分标准逐项打分。

现场考核时只对领导班子打分。

4. 反馈考核意见。现场考核组与被考核对象当面交换考核情况,针对考核中发现的问题,向被考核对象提出整改意见,但不得向被考核对象透露评分情况。

5. 被考核对象根据现场考核组提出的整改意见,在1个月内制定并落实整改措施,并报委安委办。

6. 考核工作结束后,现场考核组应在1周内将考核结果报委安委办。

(三)日常考核工作由委安委办负责考核、评分。

三、考核结果

委安委办在现场考核结束后要及时整理指标考核、现场考核和日常考核的成绩,形成本考核年度的考核结果,经委安委会审定后,向委党组报告。

第五节 考核内容

考核内容详见附件中相关内容:

1.《安全生产责任制考核评分表(领导班子)》(附件4)。

2.《安全生产责任制考核评分表(第一责任人)》(附件5)。

3.《安全生产责任制考核评分表(直接责任人)》(附件6)。

第六节 考 核 等 次

一、班子考核等次

领导班子的考核分为优秀、良好、一般和较差四个等次。各单位的领导班子考核得分在90分以上的,评为优秀等次;80~89分的,评为良好等次;60~79分的,评为一般等次;59分以下的,评为较差等次(以上、以下均包括本数,遇有小数的采取四舍五入,下同)。

二、领导干部考核等次

领导干部的个人考核分为优秀、称职、基本称职和不称职四个等次,考核得分在90分以上的,评为优秀等次;80~89分的,评为称职等次;60~79分的,评为基本称职等次;59分以下的,评为不称职等次。

三、一票否决情况

被考核对象有《广东省交通运输行业领导班子和领导干部安全生产责任制考核办法》、《深圳市党政领导班子和领导干部安全生产责任制考核暂行办法》规定"一票否决"情形的,不得评为优秀等次。

第七节 结 果 运 用

一、考核结果使用

考核报告经委领导批准后,由委安委办公布考核结果,并书面通知被考核单位和责任人,同时抄送委人事处作为年终考核及职务晋升考量指标之一。

二、考核结果奖惩

深圳市交通运输委员会根据考核结果进行表彰奖励。对考核为优秀等次的委内领导干部,由委人事部门每年安排5个年度干部考核优秀指标进行奖励(按考核得分高低取前5名进行奖励)。

对领导班子被评为较差等次的，单位主要负责人要向委党组做出检讨，提出限期整改措施，由委安委办对其整改情况进行跟踪和重点督办。委属单位领导干部评为不称职的，按有关规定予以问责，取消当年考核评为优秀资格，并由委纪检监察室对其进行诫勉谈话。

被考核对象弄虚作假，提供假情况、假资料或者存在瞒报、谎报事故行为的，经查证属实，考核等次降为不称职等次，并按干部管理权限依法追究相关人员责任；对已受到表彰奖励的，取消其表彰奖励。

第四章　责 任 追 究

第一节　失职渎职追究

对未能履行安全生产监管职责或有失职、渎职行为的；对控制事故指标不力或超控制指标的；或委安委会认为有必要的情形，诫勉约谈相应单位主要负责人和相关人员，情节严重的，依法追究责任。

第二节　事故责任追究

（一）事故责任追究工作坚持以事实为依据、以法律为准绳，各项工作程序和工作要求必须严格执行有关法律法规的规定。

事故责任认定要依据事故发生的原因和认定的事实，合理确定责任范围、责任人，对事故责任单位及相关责任人提出行政处罚意见；构成违法犯罪的，由司法机关依法处理。

（二）根据事故调查报告认定的事实，依据法律法规对具有过错行为的或未履行安全监管职责的行政机关机构和责任人采取如下纪律处分：

党纪处分包括警告、严重警告、撤销党内职务、留党察看、开出党籍。

行政处分包括警告、记过、记大过、降级、撤职、开除。

具体适用情形见《安全生产监管责任人监管责任追究一览表》（附件7）。

附件

附件1　道路设施养护安全监管日常巡查表

巡查单位：　　　　　　　　　　　　　　　　　　巡查日期：　　年　　月　　日　星期____

<table>
<tr><td rowspan="2">序　号</td><td>巡查时间</td><td rowspan="2">天气</td><td rowspan="2">巡查道路
（起点—终点或起止桩号）</td><td rowspan="2">巡查里程</td><td rowspan="2">巡 查 人 员 签 名</td></tr>
<tr><td>时　分至　时　分</td></tr>
<tr><td rowspan="2">1</td><td>时　分</td><td rowspan="2"></td><td rowspan="2"></td><td rowspan="2">km</td><td rowspan="2"></td></tr>
<tr><td>至　时　分</td></tr>
<tr><td rowspan="2">2</td><td>时　分</td><td rowspan="2"></td><td rowspan="2"></td><td rowspan="2">km</td><td rowspan="2"></td></tr>
<tr><td>至　时　分</td></tr>
</table>

<table>
<tr><td>序　号</td><td colspan="3">巡查情况记录（含发现问题具体位置、问题描述）</td></tr>
<tr><td>1</td><td colspan="3"></td></tr>
<tr><td>2</td><td colspan="3"></td></tr>
<tr><td>3</td><td colspan="3"></td></tr>
<tr><td rowspan="2">移交处理事项</td><td>移　交　事　项</td><td>移交人签名</td><td>接收人签名</td></tr>
<tr><td></td><td></td><td></td></tr>
<tr><td>养护科负责人检查情况</td><td colspan="3">养护科负责人检查意见、签名、时间</td></tr>
</table>

备注：1. 本表由各交通局在日常安全巡查时填写。

2. 每次填写完毕后，由所在单位业务科每月汇总存档。

附件2　安全隐患排查治理专项表

<table>
<tr><td colspan="3">检查日期：　　年　　月　　日</td><td>检查企业(场所,加盖公章)：</td></tr>
<tr><td colspan="3">检查组长：</td><td>检查人员(至少2人)：</td></tr>
<tr><td colspan="4">隐患内容记录</td></tr>
<tr><td>序号</td><td colspan="2">项　目</td><td>具 体 内 容</td></tr>
<tr><td></td><td colspan="2"></td><td></td></tr>
<tr><td></td><td colspan="2"></td><td></td></tr>
<tr><td></td><td colspan="2"></td><td></td></tr>
<tr><td></td><td colspan="2"></td><td></td></tr>
<tr><td></td><td colspan="2"></td><td></td></tr>
<tr><td></td><td colspan="2"></td><td></td></tr>
<tr><td colspan="3">企业人员签名：</td><td>检查人员签名：</td></tr>
<tr><td colspan="4">隐患整改通知书发出情况</td></tr>
<tr><td colspan="3">隐患整改通知书编号：</td><td>隐患整改通知书发出日期：　　年　　月　　日</td></tr>
<tr><td colspan="3">整改通知书企业签收人：</td><td>隐患整改通知书整改期限：　　年　　月　　日</td></tr>
<tr><td colspan="4">双三级责任人</td></tr>
<tr><td colspan="2" rowspan="3">企业隐患整改三级责任人</td><td>第一责任人</td><td>姓名及职务：</td></tr>
<tr><td>直接责任人</td><td>姓名及职务：</td></tr>
<tr><td>具体负责人</td><td>姓名及职务：</td></tr>
<tr><td colspan="2" rowspan="3">交通运输部门监管三级责任人</td><td>分管领导</td><td>姓名及职务：</td></tr>
<tr><td>分管科长</td><td>姓名及职务：</td></tr>
<tr><td>具体责任人</td><td>姓名及职务：</td></tr>
<tr><td colspan="4">隐患复查记录(复查时间：　　年　　月　　日)</td></tr>
<tr><td>序号</td><td colspan="2">项　目</td><td>具 体 复 查 情 况</td></tr>
<tr><td></td><td colspan="2"></td><td></td></tr>
<tr><td></td><td colspan="2"></td><td></td></tr>
<tr><td></td><td colspan="2"></td><td></td></tr>
<tr><td></td><td colspan="2"></td><td></td></tr>
<tr><td colspan="3">企业人员签名：</td><td>检查人员签名：</td></tr>
<tr><td colspan="4">复查不合格原因及后续处理措施记录：

记录人员签名：</td></tr>
</table>

填表说明：

1. 本表与巡查表、专项检查表配套使用,各交通局对日常安全巡查中发现的安全隐患,应同时填写本表。
2. 本表填写完毕后,由所在单位业务科存档2年。

附件3 道路设施养护安全生产考核评分表

考核内容			考核评分办法	评分结果
项目	具体内容	基本要求		
道路设施养护生产情况(8分)	★安全生产主体	被考核人必须为本市道路设施养护中标企业	关键项,与要求不符的,本次考核为零分	
	★合同及责任书签订	与交通运输主管部门签订道路设施养护经济合同,签订安全生产责任书,并在有效期内	关键项,未签订合同或责任书的,本次考核为零分	
	合同执行	严禁转包和违法分包	有转包,或违法分包的,扣8分	
安全生产管理机构(10分)	★设立机构配备人员(5分)	道路设施养护生产单位应当依法设置安全生产领导机构和管理机构,配备与本企业安全生产工作相适应的专职安全管理人员。安全生产管理机构包括企业主要负责人、分管业务和安全的负责人,以及业务管理、安全管理等部门主要负责人	关键项,未设立机构的,本次考核为零分;缺一岗位的,扣1分,扣完5分为止	
	人员数量要求(5分)	原则上按照每50名从业人员的标准配备1名专职安全管理人员,最低不少于1人	缺一岗位人员的,扣1分,扣完5分为止	
规章制度建立及落实(10分)	规章制度建立(5分)	根据关键岗位的特点,分类制定安全生产操作规程和安全管理制度,道路养护作业操作规程、安全保障方案、安全生产责任制、安全生产监督检查、安全生产考核与奖惩、事故报告及应急处置、事故责任倒查、安全生产宣传教育、安全生产社会监督等制度。并监督员工严格执行,推行安全生产标准化作业	缺一项制度,扣0.5分,扣完5分为止	
	档案台账(5分)	建立和完善各类台账和档案,并按要求及时报送有关信息。对于台账和档案,应当包括但不限于以下几种:(1)道路设施日常巡逻检查台账;(2)道路设施保养作业台账;(3)道路设施小修作业台账和档案;(4)安全生产工作台账;(5)安全事故处理台账;(6)安全生产会议记录台账;(7)安全监督检查台账;(8)安全宣传、教育与培训台账	缺一项台账,扣5分;一项台账不完善,扣0.5分,扣完5分为止	

续上表

考核内容			考核评分办法	评分结果
项目	具体内容	基本要求		
养护作业安全管理（30分）	作业控制区（4分）	各项养护维修作业控制区的布置和长度应符合规范要求，任何人不得随意撤除或改变安全设施的位置，扩大或缩小控制区范围，保证养护维修作业人员、设备和过街车辆的安全	不符合规定的，扣2分	
		养护维修作业人员应在控制区内作业和活动，养护机械或材料不得堆放于控制区外	不按规定落实的，扣2分	
	一般规定（10分）	道路设施养护维修作业必须保障养护维修作业人员和设备的安全运行。在进行养护维系作业前，应制定安全保障方案	不按规定落实的，扣2分	
		凡在道路上进行养护维修作业和管理的人员必须穿着带有反光标志的橘红色工作服装	不按规定落实的，扣2分	
		道路路面养护维修作业应按作业控制区交通控制标准设置相关的渠化装置和标志，必要时应指派专人维持交通。在可能发生山体滑坡、塌方、泥石流及高路堤陡边坡等路段养护维修作业，必要时应设专人观察险情，严防安全事故发生	有一项不按规定落实的，扣1分，扣完3分为止	
		桥梁、涵洞、隧道养护现场，应专门设置养护维修作业的交通标志。在桥梁栏杆外侧和桥梁墩台进行养护维修作业时，必须设置有效的安全防护设施，作业人员必须系安全带	有一项不按规定落实的，扣1分，扣完3分为止	
	隧道养护作业（6分）	养护施工路段内的照明应满足要求，并设置必要的安全设施	不符合规定的，扣1分	
		注意观察和控制隧道内的有毒气体浓度，做好通风工作	不按规定落实的，扣2分	
		隧道内禁止存放易燃易爆物品，严禁烟火	不符合规定的，扣2分	
		电子设施等对维护安全有特别要求的，按相关安全规程执行	不符合规定的，扣1分	

续上表

考 核 内 容			考核评分办法	评分结果
项目	具体内容	基 本 要 求		
养护作业安全管理(30分)	特殊条件养护作业(6分)	高温季节实施养护作业,应按劳动保护规定,采取防暑降温措施,并适当调整作息时间,尽量避开高温时段	不按规定落实的,扣1分	
		冬季养护维修作业时应采取保温防冻等安全防护措施,作业时应加强交通管制,并对作业人员、作业机械加强防滑措施	不按规定落实的,扣1分	
		雨季养护作业应做好防洪排涝工作,加强防水、防漏电、防滑、防坍塌等措施	不按规定落实的,扣2分	
		大雾天不宜进行养护维修作业,当必须进行抢修作业时,应采取封闭交通,并在安全设施上设置黄色施工警告灯等安全设施	不按规定落实的,扣1分	
		夜间养护维修作业,现场必须设置符合操作要求的照明设备	不按规定落实的,扣1分	
	山区养护作业(4分)	在视距条件较差或坡度较大的路段进行养护维修作业,必要时应设专人指挥交通,作业控制区应增加有关交通安全设施	不按规定落实的,扣1分	
		控制区的施工应与急弯标志、反向标志或连续弯标志等并列设置	不按规定落实的,扣1分	
		在同一弯道不得同时设置两个或两个以上养护维修作业控制区	不按规定落实的,扣1分	
		养护维修作业人员在作业时应戴安全帽	不按规定落实的,扣1分	
隐患管理(10分)	隐患管理(10分)	建立安全隐患排查治理制度,依法依规对安全生产责任制、养护维修作业控制区及布置、养护维修安全作业、养护安全设施、安全投入、应急预案与演练、事故报告与救援等安全生产各要素和环节,采用综合检查、专项检查、季节性检查、节假日检查、日常检查等方式开展安全隐患排查,及时消除安全隐患	无制度的,扣2分;发现安全隐患的,发现一处,扣0.5分,扣完3分为止	

续上表

考核内容			考核评分办法	评分结果
项目	具体内容	基本要求		
隐患管理（10分）	隐患管理（10分）	对排查出的安全隐患，落实整改措施、责任、资金、时限和预案，及时整改。 对于能够立即整改的一般安全隐患，应立即组织整改；对于不能立即整改的重大安全隐患，应组织制定安全隐患治理方案，依据方案及时进行整改；对于自身不能解决的重大安全隐患，立即向有关部门报告，依据有关规定进行整改	不按规定落实的，扣2分	
		建立安全隐患排查治理档案，档案应包括以下内容：隐患排查治理日期；隐患的具体部位或场所；发现隐患的数量、类别和具体情况；隐患治理意见；参加隐患排查治理的人员及其签字；隐患治理情况、复查情况、复查时间、复查人员及其签字	无档案的，扣2分，档案不完善的，扣0.5分，扣完2分为止	
		每季度、每年对本单位安全隐患排查治理情况进行统计，分析隐患形成的原因、特点及规律，建立安全隐患排查治理长效机制	不按规定落实的，扣1分	
		建立安全隐患报告和举报奖励制度，鼓励、发动职工发现和排除安全隐患，鼓励社会公众举报。对发现、排除和举报安全隐患的有功人员，应当给予物质奖励和表彰	不按规定落实的，扣1分	
		积极配合有关部门监督检查人员依法进行的安全隐患监督检查，不得拒绝和阻挠	不按规定落实的，扣1分	
设备、设施（6分）	设备、设施配备（4分）	按道路养护安全作业标准配备锥形交通路标、安全带、路栏、施工隔离墩、防撞桶（墙）等渠化交通的安全设施，以及移动式标志车、施工警告灯、夜间照明灯等设施设备	有一项不按规定落实的，扣0.5分，扣完3分为止	
		维护各种设施、设备，保持其正常使用	有一项设备无法正常使用的，扣0.5分，扣完1分为止	

续上表

考　核　内　容			考核评分办法	评分结果
项目	具体内容	基　本　要　求		
设备、设施(6分)	设备、设施作业(2分)	养护维修作业安全设施的设置和撤除应遵守以下程序:当进行养护维修作业时,应顺着交通流方向设置安全设施;当作业完成后,应逆着交通流方向撤除为养护维修作业而设置的有关安全设施,恢复正常交通	有一项不按规定落实的,扣1分,扣完2分为止	
安全教育、宣传及会议(6分)	持证上岗(1分)	安全管理人员应当具有高中以上文化程度,具有在道路设施养护行业3年以上从业经历,掌握道路设施养护安全生产相关政策和法规,经相关部门统一培训且考核合格,持证上岗	不按规定落实的,扣1分	
	安全培训(3分)	依据有关规定和岗位需要制定年度安全培训计划和实施方案	不按规定落实的,扣1分	
		生产安全教育和培训内容应满足国家、广东省、深圳市有关规定	不按规定落实的,扣0.5分	
		安全管理人员,包括主要负责人、分管业务和安全的负责人、业务管理和安全管理等部门主要负责人、专职安全生产管理人员,以及其他从业人员应当定期参加相关部门组织的培训,初次参加安全培训的时间不少于32学时,且每年参加脱产培训的时间不少于24学时	不按规定落实的,扣1分	
		定期对培训效果进行评价	不按规定落实的,扣0.5分	
	安全宣传(1分)	建立安全生产宣传制度。普及安全知识,强化员工安全生产操作技能,提高员工安全生产能力。配备和完善开展安全宣传、教育活动的设施和设备,定期更新宣传、教育的内容。安全宣传应予以记录并建档保存,保存期限应至少为3年	不按规定落实的,扣1分	
	安全会议(1分)	定期召开安全生产工作会议和例会,分析安全形势,安排各项安全生产工作,研究解决安全生产中的重大问题。安全工作会议至少每季度召开1次,安全例会至少每月召开1次。特别是发生较大及以上事故后,应及时召开安全分析通报会。安全生产工作会议和例会应当有会议记录,会议记录应建档保存,保存期不少于3年	不按规定落实的,扣1分	

续上表

考核内容			考核评分办法	评分结果
项目	具体内容	基本要求		
应急预案与演练（5分）	应急预案制定（2分）	建立综合应急预案、专项应急预案和现场处置方案。应急预案应当包括报告程序、应急指挥、应急设备的储备以及处置措施等内容	缺少一项预案的，扣1.5分；预案不完善的，一处扣0.5分，扣完1.5分为止	
	值班情况（1分）	设立24小时值班电话，并有专职人员值班	不按规定落实的，扣1分	
	演练（2分）	综合应急预案和专项应急预案每年至少1次；现场处置方案每半年至少1次	缺少一次演练，扣0.5分，扣完1.5分为止	
安全投入（2分）	资金投入（1分）	保障安全生产投入，设立安全生产专项资金	无设立安全专项资金，扣1分	
	资金使用及台账（1分）	安全生产专项资金主要用于完善、改造、维护安全设施和设备，配备应急救援器材、设备和人员安全防护用品，开展安全宣传教育、安全培训，进行安全检查与隐患治理，开展应急救援演练等各项工作的费用支出。安全生产专项资金的使用应建立独立的台账	无独立台账，扣1分；台账不完善，一处扣0.5分，扣完1分为止	
安全事故（6分）	事故报告及应急处理（1分）	立即采取有效措施，组织抢救，防止事故扩大，减少人员伤亡和财产损失	不按规定落实的，扣0.5分	
		按规定时间、程序、内容向安监、公安、交通运输等相关职能部门报告事故情况，并启动生产安全事故或公共突发事件应急处置预案	不按规定落实的，扣0.5分	
	事故防范及整改（5分）	建立生产安全事故责任倒查制度。按照“事故原因不查清不放过、事故责任者得不到处理不放过、整改措施不落实不放过、教训不吸取不放过”的原则，对相关责任人进行严肃处理	不按规定落实的，一宗事故扣0.5分，扣完2分为止	
		建立事故责任倒查台账	不按规定落实的，一宗事故扣0.5分，扣完2分为止	
		定期进行生产安全事故统计和分析，总结事故特点和原因，认真吸取事故教训，提出并落实针对性的事故预防措施，防止事故再次发生	不按规定落实的，扣1分	

续上表

考 核 内 容			考核评分办法	评分结果
项目	具体内容	基 本 要 求		
目标管理与考核(5分)	安全生产目标管理内容(2分)	依法建立健全安全生产目标管理,并将本单位的安全生产责任目标分解到各部门、各岗位,明确责任人员、责任内容和考核奖惩要求。 安全生产目标管理内容应当包括: 1. 主要负责人的安全生产责任、目标; 2. 分管安全生产和养护业务的负责人的安全生产责任、目标; 3. 安全管理、业务管理等部门及其负责人的安全生产责任、目标; 4. 岗位从业人员的安全生产责任、目标	缺少一项扣0.5分,扣完2分为止	
	安全生产目标责任书签订(2分)	与下属部门分级签订安全生产目标责任书,制定明确的考核指标,定期考核并公布考核结果及奖惩情况	缺少一项扣0.5分,扣完2分为止	
	安全生产年度考核与奖惩制度建立与落实(1分)	建立安全生产年度考核与奖惩制度。针对年度目标,对各部门、各岗位从业人员进行安全绩效考核,通报考核结果。根据安全生产年终考核结果,对安全生产相关部门、岗位工作人员给予一定的奖惩	不按规定落实的,扣1分	
风险管理(2分)	抗风险能力(0.5分)	积极探索、完善安全生产互助形式,提高抗风险的能力	不按规定落实的,扣0.5分	
	安全生产内部评价机制(1.5分)	建立安全生产内部评价机制,每年至少进行1次安全生产内部评价。评价内容应包括安全生产目标、安全生产责任制、安全投入、安全教育培训、从业人员管理、车辆管理、安全生产监督与检查、应急响应与救援、事故处理与统计报告等各项安全生产制度的适宜性、充分性及有效性。 定期聘请第三方机构对本单位的安全生产管理情况进行评估。 根据第三方机构评估结果和安全生产内部评价结果及时改进安全生产管理工作内容和方法,修订和完善各项安全生产制度,持续改进和提高安全管理水平	不按规定落实的,扣1.5分	

附件4　安全生产责任制考核评分表(领导班子)

单位(盖章):　　　　　　　　　　　　　　　　　　　年　　月　　日

考核项目		分值	评分标准	自评分	考核分
指标考核	安全生产责任书任务完成情况	100	1. 指标控制情况。道路设施养护行业事故死亡人数不能突破市交委下达的控制考核指标。超过一宗扣2分。 2. 防范道路设施养护行业企业生产安全事故,避免较大以上生产安全事故。发生一宗较大责任事故的,全责扣5分、主责扣4分、同责扣3分、次责扣2分、无责不扣分。 3. 不发生一次死亡10人以上的生产安全事故。发生一次死亡10人以上的,考核为不合格。 4. 不发生道路设施管养责任范围内的重大道路交通事故。发生一宗重大道路交通事故的,扣2分。 5. 行业内职工工伤事故死亡率≤0.3‰,重伤率≤0.5‰。超出的扣2分。 6. 不发生火灾责任事故。发生的扣5分。 7. 不发生由于行政许可或行业管理人员未按相关规定履行职责所造成的重特大生产安全事故。发生的,考核为不合格。 8. 积极推动道路设施养护行业企业开展安全生产标准化达标建设活动,工作进度要达到省、市的部署要求。没有按要求开展安全标准化考评的,扣5分		
现场考核	责任体系	30	1. 未建立本单位的安全生产责任体系,未明确安全生产主要责任领导、分管责任领导的,未明确本单位各部门安全监管责任的,扣3分; 2. 未推行安全生产"一岗双责"责任体系建设的,扣3分; 3. 未按要求与监管单位签订责任书的,扣3分,签订安全责任书未达到市交委要求的,扣2分; 4. 未按要求召开防范重特大安全事故工作会议的,少一次扣1分		
	预防体系	25	1. 未统一组织开展监管范围内安全隐患排查治理行动的(以方案、台账、总结等材料为准),扣5分;在安全隐患排查治理行动中未及时、准确上报安全隐患的,每次扣1分;未及时治理又不报告情况的,每次扣1分,扣完为止; 2. 未统一组织开展市交委部署的安全大排查行动的,扣5分; 3. 市交委转办、督办的安全隐患未按期完成整改的,每起扣2分,扣完5分为止; 4. 未统一组织开展"安全生产月"活动的(以方案、总结等材料为准),扣2分; 5. 未组织行业企业,特别是道路养护生产单位开展安全宣传教育的,扣2分; 6. 未参加委组织的安全监管和应急救援培训的,扣2分		

续上表

考核项目		分值	评分标准	自评分	考核分
现场考核	保障体系	25	1. 未给予安全生产监管资金保障的,扣2分; 2. 未指定专门的安全监管机构的,扣5分;指定了专门机构,但是未落实安全监管人员的,扣3分; 3. 未编制本单位的安全生产应急预案的,扣5分;编制了应急预案,但是没有按照要求进行演练的,扣3分		
	事故查处	10	1. 查实有一起瞒报事故的,扣10分; 2. 生产安全事故未按期结案的,每一起扣1分,扣完10分为止(以事故报告批复时间为准); 3. 结案的事故未能落实处理的,每1项扣1分,扣完10分为止(以事故报告批复和相关单位执行文件为准)		
	重点工作	10	市交委安委会部署开展的各项年度安全生产重点工作落实情况。每项视完成情况扣1~2.5分,扣完10分为止		
日常考核	工作落实	50	1. 未按要求参加市交委安委会组织召开的四次防范重特大安全事故会议的,少一次扣5分,扣完20分为止; 2. 未按要求编制、修订安全生产应急预案的,未编制的,扣10分,未修订的,扣3分; 3. 未按要求报告安全生产事故的,少一次扣2分; 4. 未按要求开展安全事故应急响应的,一次扣3分,扣完10分为止; 5. 未按时完成委安委办通报和督办事项的,一次扣2分,扣完10分为止; 6. 未按要求报送安全生产监管执法工作计划编制的,扣2分		
	信息报送	50	1. 未按时报送安全生产领域"打非治违"工作小结、总结和相关信息的,少一件,扣3分; 2. 未按时报送安全隐患排查治理信息的,少一件,扣3分,扣完45分为止; 3. 未按时报送春运、中秋、十一黄金周专项安全检查工作计划、方案和相关信息的,少一次,扣3分; 4. 未按时报送年度安全生产工作总结、工作计划,少一件,扣2分		
合计		(指标考核总分×50%)+(现场考核总分×30%)+(日常考核总分×20%)			

附件5　安全生产责任制考核评分表（第一责任人）

单位（盖章）：　　　　　　　　姓名：　　　　　　　　　　　　　　　　　年　月　日

重点考核内容		分数	评分标准	自评分	考核分
1	领导班子考核情况	70	领导班子考核成绩得分×70%		
2	市交委下达的安全生产控制考核指标情况	15	市交委下达的年度安全生产控制考核指标，超出1个，扣2分		
		15	本年度较大事故情况，发生一宗，扣5分		
合计	领导班子考核成绩得分×70%＋市交委下达的安全生产控制考核指标情况考核得分				

注：考核得分在90～100分的，为优秀；得分在80～89分的，为良好；得分为60～79分的，为及格；得分在60分以下的，为不称职。

附件6　安全生产责任制考核评分表（直接责任人）

单位（盖章）：　　　　　　　　姓名：　　　　　　　　　　　　　　　　　年　月　日

重点考核内容		分数	评分标准	自评分	考核分
1	领导班子考核情况	60	领导班子考核成绩得分×60%		
2	市交委下达的安全生产控制考核指标情况	20	市交委下达的年度安全生产控制考核指标，超出1个，扣2分		
		20	本年度较大事故情况，发生一宗，扣5分		
合计	领导班子考核成绩得分×60%＋市交委下达的安全生产控制考核指标情况考核得分				

注：考核得分在90～100分的，为优秀；得分在30～89分的，为良好；得分为60～79分的，为及格；得分在60分以下的，为不称职。

附件7　安全生产监管责任人监管责任追究一览表

责任追究	适用条件	法律法规依据	备注
撤职或降级	对不符合法定安全生产条件的涉及安全生产的事项予以批准或者验收通过的	《安全生产法》第八十七条	
	发现未依法取得批准、验收的单位擅自从事有关活动或者接到举报后不予取缔或者不依法予以处理的	《安全生产法》第八十七条	
	对已经依法取得批准的单位不履行监督管理职责，发现其不再具备安全生产条件而不撤销原批准或者发现安全生产违法行为不予查处的	《安全生产法》第八十七条	
	在监督检查中发现重大事故隐患，不依法及时处理的	《安全生产法》第八十七条	
行政处分	要求被审查、验收的单位购买其指定的安全设备、器材或者其他产品的，在对安全生产事项的审查、验收中收取费用，且情节严重的	《安全生产法》第八十八条	对直接负责的主管人员和其他直接责任人员
	对生产安全事故隐瞒不报、谎报或者拖延不报	《安全生产法》第一百零七条	对直接负责的主管人员和其他直接责任人员
	不立即组织事故抢救（尚不构成刑事责任）	《生产安全事故报告和调查处理条例》第三十五条	
	迟报或者漏报事故（尚不构成刑事责任）	《生产安全事故报告和调查处理条例》第三十五条	
	在事故调查处理期间擅离职守（尚不构成刑事责任）	《生产安全事故报告和调查处理条例》第三十五条	
	谎报或者瞒报事故	《生产安全事故报告和调查处理条例》第三十六条	

续上表

责任追究	适用条件	法律法规依据	备注
行政处分	伪造或者故意破坏事故现场	《生产安全事故报告和调查处理条例》第三十六条	
	转移、隐匿资金、财产，或者销毁有关证据、资料	《生产安全事故报告和调查处理条例》第三十六条	
	拒绝接受调查或者拒绝提供有关情况和资料	《生产安全事故报告和调查处理条例》第三十六条	
	在事故调查中作伪证或者指使他人作伪证	《生产安全事故报告和调查处理条例》第三十六条	
	事故发生后逃匿	《生产安全事故报告和调查处理条例》第三十六条	
	未依法履行安全生产管理职责，导致3人以下死亡事故发生	《生产安全事故报告和调查处理条例》第三十八条	
	不立即组织事故抢救	《生产安全事故报告和调查处理条例》第三十九条	
	迟报、漏报、谎报或者瞒报事故	《生产安全事故报告和调查处理条例》第三十九条	
	阻碍、干涉事故调查工作	《生产安全事故报告和调查处理条例》第三十九条	
	在事故调查中作伪证或者指使他人作伪证	《生产安全事故报告和调查处理条例》第三十九条	
	对事故调查工作不负责任，致使事故调查工作有重大疏漏	《生产安全事故报告和调查处理条例》第四十一条	对参与事故调查的人员
	包庇、袒护负有事故责任的人员或者借机打击报复	《生产安全事故报告和调查处理条例》第四十一条	对参与事故调查的人员
	安全生产监督管理部门及有关行政管理部门工作人员滥用职权、玩忽职守、徇私舞弊	《深圳市安全管理条例》第六十四条	
责令改正	要求被审查、验收的单位购买其指定的安全设备、器材或者其他产品的，在对安全生产事项的审查、验收中收取费用	《安全生产法》第八十八条	并责令退还收取的费用

附件 8　法律法规及相关资料目录

1.《中华人民共和国安全生产法》；
2.《中华人民共和国道路交通安全法》；
3.《中华人民共和国合同法》；
4.《中华人民共和国道路交通安全法实施条例》(国务院令第 405 号)；
5.《生产安全事故报告和调查处理条例》(国务院令第 493 号)；
6.《建设工程安全生产管理条例》(国务院令第 393 号)；
7.《企业安全生产费用提取和使用管理办法》(财企〔2012〕16 号)；
8.《广东省安全生产条例》；
9.《广东省道路交通安全管理条例》；
10.《公路养护技术规范》(JTG H10—2009)；
11.《公路养护安全作业规程》(JTH C30—2004)；
12.《城镇道路养护技术规范》(CJJ36—2006)；
13.《深圳市道路养护管理模式》(2012 版)。